# Enfoque de sistemas

## Teoría para Resolver Problemas de Inventiva (TRIZ)

### Vladimir Petrov

### Traducción al español: Altai López y Cristóbal López

## 2019

# ENFOQUE DE SISTEMAS

Aquel, que solo ve agua en el océano
Nunca se dará cuenta de las montañas en la
tierra.

Vladimir Vysotsky

En este libro se describe un enfoque sistémico. Se abordan definiciones básicas como: pensamiento sistémico, teoría de sistemas, análisis y síntesis del sistema. El concepto de sistemas y sus componentes se analizan como una totalidad integral, una propiedad y una posición, también como un sistema técnico y antropogénico. Además, se caracterizan las funciones, procesos, flujos y jerarquías del sistema.

Se presenta el concepto de consistencia y requerimientos del sistema, mientras que el operador del sistema se describe tomando en cuenta cualquier cambio y sus efectos en el sistema.

Posteriormente el contenido se centra en el análisis y síntesis de sistemas, así como en el enfoque de sistemas para el diseño.

El análisis sistémico se usa para no dejar lagunas en la siguiente secuencia: análisis de componentes, análisis estructural, análisis funcional y análisis de diagnóstico.

# 1. Definiciones básicas para un enfoque de sistemas

Regularmente, cuando resolvemos problemas o investigamos un sistema, nos comportamos como ciegos que trabajan a prueba y error. Pero es insuficiente si sólo consideramos un componente o una pequeña parte del sistema, pues no podemos conocer como está constituido en su totalidad ni sus subsistemas. Además, no podemos saber cómo están relacionados los subsistemas con el sistema en cuestión. Esto demuestra la ausencia de un enfoque de sistemas.

A continuación, se revisarán las definiciones básicas y los componentes del enfoque de sistemas.

## *1.1. Pensamiento sistémico*

El **pensamiento sistémico** es un proceso mental utilizado en el enfoque de sistemas y es uno de los componentes básicos del pensamiento inventivo. El enfoque de sistemas considera al objeto como un conjunto de componentes con interacciones y conexiones entre ellos; es decir, asimila al objeto como un sistema. El enfoque de sistemas se utiliza tanto para la síntesis de información como para el análisis de sistemas.

El **análisis de sistemas** considera al sistema como algo que no está aislado, por ejemplo, un grupo de componentes interconectados que tienen interacciones con un supersistema y el ambiente externo, incluyendo las mismas interacciones del ambiente externo sobre el sistema. El propósito del análisis es identificar todos los componentes del sistema y las relaciones e interacciones entre estos, para guiar a ciertos cambios. Esto ayuda a identificar cualquier impacto del sistema en el subsistema, en el supersistema y en su entorno, así como la influencia inversa que generan el supersistema y el ambiente (o contexto) en el sistema. Los cambios, el funcionamiento y el desarrollo del sistema se mapean en busca de cambios.

**La síntesis del sistema** ayuda a la creación de un sistema equilibrado; por ejemplo, un balance positivo dentro del mismo sistema y con su entorno.

En general el enfoque de sistemas está sincronizado con los postulados de la teoría de sistemas. Cada objeto debe ser considerado como un sistema amplio y complejo que forma parte de un sistema más amplio.

La teoría de sistemas estudia diversos tipos de sistemas, sus operaciones y patrones de evolución. Fue desarrollada por Ludwig von Bertlanffy en la segunda parte del siglo XX, pero tuvo un precedente importante en Alexander Bogdanov, quien escribió: "Tectología: Ciencia de la organización universal", obra en la que también anticipó algunos principios de la cibernética.

## 1.2. Sistema

**Sistema** viene del latín *systema* y del griego σύστημα. Significa, originalmente, unión de cosas en forma organizada. Es un grupo de componentes vinculados que interactúan unos con otros, formando un todo integral. Las funciones esenciales del sistema no son las mismas de los componentes cuando estos son vistos de forma individual. El efecto sinérgico de los componentes permite la emergencia de un efecto sistémico.

### Ejemplo 1. Efecto sinérgico

Intercambiar de cosas no conduce de por sí a un efecto sinérgico, ya que el resultado de esta interacción puede ser muy parecido al original. El intercambio de ideas conduce a un efecto sinérgico siempre y cuando el resultado de dicha interacción sea mejor o superior que las ideas de una sola persona.

**Integridad** – Propiedad de un sistema en la que se manifiesta autonomía, unidad y resistencia frente a cambios e influencias. Está relacionada con el funcionamiento óptimo del sistema y a sus leyes de evolución. Integridad no es un término absoluto sino relativo pues el sistema tiene una serie de interacciones con los sistemas circundantes y con el ambiente externo, todos los cuales están interconectados entre sí.

**Propiedad** – Aspecto (atributo o cualidad) del sistema. Determina diferencias o cosas en común entre el sistema y otros sistemas. Las propiedades también pueden ser identificadas en los subsistemas. Estas propiedades son objetivas e independientes de la conciencia humana.

**Posición** – Interacción, interconexión e interdependencia de los componentes del sistema. Es una idealización o representación imaginaria de diferentes sistemas y sus subsistemas.

### Ejemplo 2. Oración

Una oración consiste en una serie lógica de palabras y el método para construir una oración es la gramática. Estos componentes (las palabras) no tienen la propiedad de expresar ideas complejas en forma independiente. Pero si estos componentes combinan su ubicación en un sistema (la oración) adquieren una nueva propiedad, generando nuevas ideas, que son producto de un efecto sistémico.

**Oración** – holística. Es autónoma y tiene sus propias leyes de cambio, por ejemplo, la evolución de la gramática. La oración muestra la interacción de funciones individuales que tienen las palabras: la interrelación de unas con otras.

**Sistema antropogénico** – *Antropos* es el término griego para hombre en el Génesis y remite al origen o desarrollo de un fenómeno emergente – a un sistema creado como resultado de una actividad humana dirigida conscientemente.

### Ejemplo 3. Sistema antropogénico

Este es un tipo amplio de sistemas creados por el hombre: pensamientos, conceptos, lenguaje; conocimiento, ciencia, literatura y arte; grupos sociales, tribus, comunidades y estados; sistemas de agricultura, objetos hechos a mano o basados en componentes naturales (ingeniería genética, biotecnología), sistemas técnicos, etc.

Este libro se enfoca en una clase de sistema antropogénico: los sistemas técnicos.

**Sistema técnico (ST)** – sistema creado con un objetivo específico para satisfacer necesidades concretas. Ejecuta una función que permite un proceso. Ejemplos de sistemas técnicos: teléfono, automóvil, avión, televisión, computadora, internet, aire acondicionado.

### Ejemplo 4. Avión

El avión está hecho con: motor, fuselaje, cabina, alas, tren de aterrizaje, etc. Ninguna de estas partes cumple la propiedad de desplazarse por el aire. Sin embargo, cuando estos mismos componentes se integran en el sistema el avión adquieren una nueva propiedad, producto de un efecto sistémico: volar.

### Ejemplo 5. Teléfono

El teléfono consiste en una base, micrófono, auricular, teclado, etc. Ninguno de estos componentes tiene la propiedad de transmitir voces. Una vez que dichas partes se integran en un sólo sistema el teléfono adquiere una nueva propiedad, producto de un efecto sistémico: comunicación de voz.

### Ejemplo 6. Algoritmo

**Algoritmo** – Orden específico de ejecución para diversas operaciones que conducen a resultados concretos. El algoritmo consiste en una serie de operaciones individuales realizadas en un orden particular.

Cada una de estas operaciones y su orden individual de ejecución no conducen al resultado deseado. Sin embargo, una vez integradas en un sólo sistema, el algoritmo adquiere una nueva propiedad que produce un resultado concreto; esto es un efecto sistémico.

## 1.3. Función

**Función** – del latín *functio*: cometer, ejecutar; influencia o proceso de cambio que tiene un sujeto sobre un objeto con un resultado definitivo. A continuación, se muestra una breve descripción de la palabra función.

**Función** – acción de sujeto a objeto que conduce a un resultado definitivo.

**Figura 1. Función**

La acción puede dar como resultado que el parámetro del objeto en cuestión cambie o se mantenga. La función se escribe en forma de verbo.

### Ejemplo 7. Avión

El avión transporta (mueve) pasajeros. El avión (sujeto), transporta (función), pasajeros (objeto). "Transporta" cambia al objeto.

### Ejemplo 8. Café

La taza contiene café. La taza (sujeto), contiene (función), café (objeto). "Contiene" mantiene al objeto.

### Ejemplo 9. Computadora

La computadora procesa información. La computadora (sujeto), procesa (función), información (objeto). "Procesa" cambia el objeto (información).

### Ejemplo 10. Memoria de computadora

La memoria recuerda información. La memoria (sujeto), recuerda (función), información (objeto). "Recuerda" mantiene el objeto (información).

Las funciones pueden ser evaluadas según:
- Utilidad
- Grado de implementación

Descripción de funciones:
1. Utilidad
   - Útil
   - Inútil
   - Dañina

2. Grado de implementación de funciones útiles:

- Básica
- Excesiva
- Insuficiente

**Función útil** – función que genera rendimiento al sistema.

**Función inútil** – función que no genera rendimiento al sistema. A veces estas funciones son llamadas redundantes.

**Función dañina** – función que origina efectos negativos e indeseables.

**Función básica** – función que genera acciones adecuadas (suficientes).

**Función excesiva** – función que origina accione innecesarias.

**Función insuficiente** – función que genera acciones incompletas.

## Ejemplo 11. Refrigerador

Función del refrigerador – enfriar producto, por ejemplo, carne.

Función inútil para el consumidor – calentamiento de la parte trasera del refrigerador, aunque este calor es necesario para que el refrigerador cumpla su función básica el consumidor no requiere.

Función dañina del refrigerador – ruido del compresor.

Función básica del refrigerador – enfriamiento normal a una temperatura promedio.

Función excesiva del refrigerador – enfriamiento excesivo (sobre enfriamiento), temperatura por debajo de la requerida.

Función insuficiente del refrigerador – enfriamiento inadecuado, por arriba de la temperatura necesaria.


### Ejemplo 12. Estufa de gas

Función de la estufa de gas – calentar un objeto, por ejemplo, agua o carne.

Función inútil de la estufa de gas – calentar el entorno (el flujo extra de calor).

Función dañina de la estufa de gas – fuga de gas.

Función básica de la estufa de gas – calentamiento normal del objeto a la temperatura deseada.

Función excesiva de la estufa de gas – sobre calentamiento del objeto, por ejemplo, agua evaporada y carne quemada.

Función insuficiente de la estufa de gas – bajo calentamiento, por ejemplo, insuficiente para hervir agua.

**Ejemplo 13. Computadora**

Función de la computadora – procesar información.

Función inútil – consumo de energía cuando está encendida pero no está en uso. La computadora sólo debería trabajar cuando la información es ingresada, procesada o extraída. La computadora está desperdiciando energía el resto del tiempo.

Función dañina de la computadora – generación de radiación electromagnética, ruido del ventilador.

Función básica de la computadora – Procesar información y realizar operaciones normales.

Función insuficiente de la computadora – lentitud al procesar información, por ejemplo, al realizar tareas simultáneas y descargar información pesada de internet.

### Ejemplo 14. Teléfono celular

Función del teléfono – transmitir señal de audio, por ejemplo, la voz.

Función inútil del teléfono – si el teléfono está encendido, pero no hay sonido. El teléfono debe trabajar sólo cuando una señal es recibida. El teléfono gasta energía cuando no está en uso. El teléfono debe ser apagado o encendido sólo cuando aparece una señal.

Función dañina – la radiación electromagnética producida durante una conversación en un teléfono celular genera efectos negativos en los equipos circundantes. En consecuencia, no está permitidos hablar con un teléfono de este tipo en aviones y hospitales. Además, las antenas repetidoras de telefonía celular perjudican el medio ambiente.

Función básica del teléfono – cuando el teléfono transmite señales de audio y datos adecuadamente.

Función excesiva del teléfono – cuando la transmisión del sonido es muy fuerte, distorsionada.

Función insuficiente del teléfono – cuando hay dificultad para recibir la señal o escuchar el sonido.


**Ejemplo 15. Automóvil**

Función del automóvil – trasladar personas.

Función inútil del automóvil – desgaste de energía cuando el automóvil está parado pero el motor está encendido, por ejemplo, en los semáforos.

Función dañina del automóvil – emisión de gases de escape a la atmósfera que contaminan el medio ambiente.

Función básica – funcionamiento normal del automóvil.

Función excesiva – automóvil diseñado para superar el límite de velocidad permitido.

Función insuficiente – cuando el automóvil es inmovilizado por la nieve, obstáculos o al intentar subir una cuesta muy pronunciada.

La definición de función incluye el concepto de proceso.

## 1.4. Proceso

**Proceso** del latín *processus* – avance.

1) Cambio en etapas del desarrollo.

2) Conjunto de operaciones (acciones en secuencia) para obtener algún resultado; por ejemplo, la alteración de operaciones manuales en una factoría para atender necesidades de producción.

Deberíamos considerar, básicamente, la segunda definición para sistemas técnicos. La primera aplica, normalmente, para la evolución de sistemas.

**Ejemplo 16. Preparación de café**

Considerar el proceso de preparación del café, que consiste en las siguientes operaciones:

Operación 1 – moler los granos del café.

Operación 2 – el café molido se vierte en una olla.

Operación 3 – la olla se llena de agua.

Operación 4 – la olla se pone a calentar en la estufa.

Operación 5 – esperar a que hierva el líquido.

Operación 6 – la olla es removida de la estufa.

Operación 7 – esperar hasta que bajen los asientos del café.

Operaciones 5–7 se repiten varias veces.

## Ejemplo 17. Programa informático

El programa informático trabaja de acuerdo con un algoritmo determinado, que consiste en una serie de órdenes y acciones. Entonces, un programa informático realiza un proceso.

## Ejemplo 18. Algoritmo euclidiano

El algoritmo euclidiano genera un proceso – método para calcular el Máximo Común Divisor (MCD). Este es uno de los algoritmos más antiguos usados hasta ahora.

**Máximo Común Divisor (MCD)** – un número más grande que divide a dos o más números sin dejar residuo.

**Descripción del algoritmo para encontrar el MCD**

1 Dividir el número más grande entre el número más pequeño.

2 Si no hay residuo, entonces el número más pequeño será el MCD (ciclo de salida).

3 Si hay residuo, remplazar el número mayor por el número menor y remplazar el número menor por el residuo de la división.

4 Regresar al paso 1.

**Ejemplo**

Encontrar MCD de 30 y 18

$30/18 = 1$ (residuo 12)

$18/12 = 1$ (residuo 6)

$12/6 = 2$ (residuo 0)

Solución: MCD (30, 18) = 6

**Ejemplo 19. Compilador**

La mayoría de los compiladores traducen un programa que está en un lenguaje de programación de alto nivel en un código de máquina que pueda ser directamente ejecutado por el procesador.

El proceso de compilación consiste en las siguientes etapas:

1. Análisis léxico. En esta etapa, la secuencia de códigos en el archivo fuente se convierte en una secuencia de lexemas. El objetivo del análisis léxico es preparar la secuencia de entrada para el análisis gramático

2. Análisis de sintaxis (gramatical). La secuencia de lexemas se convierte en un árbol de análisis.

3. Análisis semántico. El árbol de análisis se procesa para determinar su semántica (significado), por ejemplo, asociación de referencias con sus definiciones, comprobación de tipo y compatibilidad, identificación de símbolos, etc. El resultado es llamado, comúnmente, "presentación/código intermedio" y puede ser complementado por el árbol de análisis; es decir, un árbol nuevo con un conjunto abstracto de comandos que es adecuado para un procesamiento posterior.

4. Optimización. Eliminación de estructuras innecesarias y simplificación del código mientras se conserva su significado. La optimización puede ser en diferentes niveles y etapas; por ejemplo, en los códigos de computadora intermedios o finales.

5. Generación de código. El código es generado de la representación intermedia del mismo en un lenguaje de destino. En esta etapa los compiladores pueden ser separados o combinados en una forma u otra para una implementación específica.

Cada una de estas etapas tiene su propio programa, que trabaja con un algoritmo (proceso) particular. Los conceptos de proceso y funciones están estrechamente relacionados con el concepto de flujo.

## *1.5. Flujos*

Los flujos pueden ser de:

– Sustancia

- Campo
- Información


**Flujos de sustancia** son corrientes fluidas de sustancias líquidas y gaseosas, especialmente a través de tuberías, por ejemplo, una red de agua potable o gas.

**Flujos de campo** pueden referirse a corrientes eléctricas, por ejemplo, a través de cables, para iluminación; también, a los flujos de luz en el cable de fibra óptica, a flujos magnéticos y diversas radiaciones.

**Flujos de información** pueden ser distribuidos de distintas maneras, por ejemplo, mediante materiales impresos, internet, radio, televisión, etc. El portador de información es un material y/o campo (energía).

Los flujos portan interacciones y ejecutan trabajos. Además, pueden ser internos y externos.

**Flujos internos** llevan las interacciones de un componente del sistema a otro, o generan interacciones (interrelaciones) entre ellos.

**Flujos externos** llevan las interacciones del sistema con el supersistema y el entorno; de forma inversa, establecen interrelaciones entre el supersistema y el entorno.

No tomar en cuenta las interacciones de estos flujos afecta al entorno y al rendimiento del sistema.

**Ejemplo 20. Aire acondicionado**

El aire acondicionado crea flujo de aire (frío o caliente) con ayuda de un ventilador. Este es un flujo externo de sustancia. El flujo de freón (refrigerante) es un flujo interno de sustancia.

La electricidad para abastecer la fuente de poder del aire acondicionado es un flujo externo de energía. El flujo de energía de la fuente de poder es un flujo interno de energía que es suministrada al controlador, compresor y ventilador.

Las señales del sensor que son mandadas al compresor, al motor del ventilador y a otras unidades, son flujos internos de información. La señal infra roja del control remoto es un flujo externo de información.

### Ejemplo 21. Computadora

La computadora recibe un flujo de información externo. La computadora procesa esta información. Este último es un flujo interno de información. La computadora provee los resultados de la información procesada a un dispositivo externo, en forma de monitor, que la transforma en un flujo externo de información.

Los flujos pueden ser evaluados de la siguiente forma:

– Utilidad

- Grado de implementación

1.Utilidad
- Útil
- Inútil
- Dañino

2.Grado de implementación del flujo útil
- Suficiente
- Excesivo
- Insuficiente

**Flujo útil** – flujo que abastece (mantiene) el funcionamiento del sistema.

**Flujo inútil** – flujo que no satisface el rendimiento del sistema. A veces estos flujos son llamados redundantes.

**Flujo dañino** – flujo que crea efectos indeseables, negativos.

**Flujo suficiente** – flujo que genera acciones básicas (adecuadas).

**Flujo excesivo** – flujo que crea acciones excesivas, innecesarias.

**Flujo insuficiente** – flujo que crea acciones incompletas, parciales.

### Ejemplo 22. Refrigerador

Flujo inútil para el consumidor – flujo de calor del evaporador en la parte trasera del aparato.

Flujo dañino del refrigerador – flujo acústico (ruido) del compresor.

Flujo suficiente del refrigerador – flujo normal de aire frío dentro del refrigerador.

Flujo excesivo del refrigerador – flujo superior de aire frío (enfriamiento excesivo), debajo de la temperatura requerida.

Flujo insuficiente del refrigerador – flujo incompleto de aire frío, incapaz de alcanzar la temperatura requerida.

### Ejemplo 23. Computadora

Flujo inútil – corriente de energía cuando la computadora está encendida pero no está en uso. La computadora sólo debería tener corriente eléctrica cuando se le ingresa, procesa o extrae información. La computadora está desperdiciando energía el resto del tiempo.

Flujo dañino de la computadora – flujo de radiación electromagnética y flujo de ruido del ventilador.

Flujo suficiente de la computadora – flujo de electricidad e información básica necesarias para su operación normal.

Flujo insuficiente de la computadora – flujo incompleto de electricidad e información para su funcionamiento normal, por ejemplo, cuando se procesa gran cantidad de datos o se descarga mucha información de internet.

## Ejemplo 24. Automóvil

Flujo inútil – flujo de combustible cuando el automóvil está parado con el motor encendido, por ejemplo, en los semáforos.

Flujo dañino del automóvil – flujo de gas de dióxido de carbón (escape) que es emitido a la atmósfera, contaminando el medio ambiente.

Flujo suficiente – flujo de combustible que proporciona un funcionamiento (trabajo) normal del automóvil.

Flujo excesivo – flujo innecesario de combustible en el motor, lo que origina gastos extras.

Flujo insuficiente – flujo de combustible que no permite el funcionamiento (trabajo) normal del automóvil.

Los sistemas y sus funciones tienen cierta jerarquía.

## *1.6. Jerarquía*

La jerarquía del sistema se describe como:

- Sistema
- Supersistema
- Subsistemas
- Entorno, contexto

La jerarquía puede tener escalas menores y mayores, por ejemplo, súper-supersistema y sub-subsistemas.

Supersistema – es un objeto o conjunto en el que el sistema es considerado subsistema.

Subsistema – es una parte o elemento del sistema; también, algún componente o derivado del mismo.

Súper-supersistema – un objeto o conjunto que incluye al supersistema, al sistema y los componentes del subsistema. El número de niveles y jerarquías puede ser muy extenso.

## Ejemplo 25. Computadora

Sistema – computadora personal.

Subsistema – unidad del sistema y dispositivos de entrada-salida (por ejemplo, teclado, ratón, pantalla, impresora, escáner, cámara, etc.).

Sub-subsistema de la unidad del sistema – procesador, tarjeta madre, tarjeta de video, memoria, disco duro, unidad CD/DVD, tarjeta de sonido, tarjeta de red, fuente de alimentación, etc.

Supersistema – computadoras en red.

Súper-supersistema – red mundial de internet.

Entorno, contexto – ecosistema en el que se encuentra la computadora, por ejemplo, un cuarto, condiciones ambientales, etc.

## Ejemplo 26. Teléfono

Sistema – teléfono.

Subsistema – micrófono y audífono, teclado, pantalla, memoria, etc.

Sub-subsistemas – microcomponentes que conforman al micrófono, al audífono, al teclado, a la pantalla, a la memoria, etc.

Supersistema – central de datos, red telefónica, etc.

Súper-supersistema de las centrales de datos – red telefónica regional y global.

Entorno, contexto – habitación, muebles y condiciones medio ambientales, en la mayoría de los casos.

**Ejemplo 27. Automóvil**

Sistema – automóvil.

Subsistema – motor, tanque de combustible, sistema de control, llantas, etc.

Sub-subsistema del motor – pistón y cilindro, biela, chispa, válvulas, cigüeñal, caja del cigüeñal, etc.

Supersistema – planes de fabricación, estaciones de gasolina, sistema de control del tráfico, calles, carreteras y flujo automovilístico, estacionamientos, garajes, servicios de reparación, etc.

Súper-supersistema – movimiento regional y global de la red de carreteras.

Entorno, contexto – espacios abiertos y fenómenos atmosféricos.

Las funciones también tienen una estructura jerárquica en los sistemas; como regla, una función de mayor nivel es una función más general. Es necesario considerar la jerarquía de funciones en orden de importancia:

- Función del nivel más alto (cero) – función principal, también llamada función principal útil.
- Función de primer nivel – función básica.
- Función de segundo nivel – función auxiliar.

Otras funciones pueden ser consideradas en el tercer nivel y niveles más bajos.

La jerarquía de funciones se muestra en la (Figura 2).

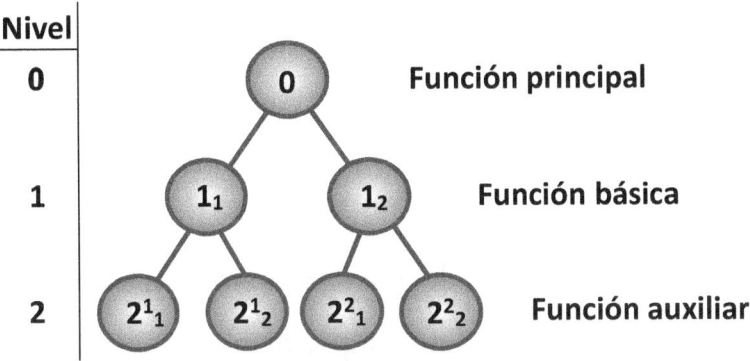

**Figura 2. Jerarquía de funciones**

**Función principal** – Función de mayor nivel (cero), indica la acción más importante, cuyo propósito es brindar rendimiento al sistema. Debe cumplir el objetivo de satisfacer una necesidad específica del sistema.

**Función básica** – Función de primer nivel derivada del sistema principal. La función básica proporciona rendimiento para la función principal y, en consecuencia, para todo el sistema en su conjunto.

**Función auxiliar** – funciones de segundo rango que son funciones del subsistema. Las funciones auxiliares proporcionan rendimiento a la función básica.

En primer lugar, las funciones de rangos inferiores (n) deben proporcionar rendimiento para funciones de rango superior (n-1). Las funciones que proporcionan su ejecución se denominarán funciones necesarias.

El rendimiento óptimo de un sistema se define por un conjunto de funciones necesarias para su integridad funcional.

### Ejemplo 28. Computadora

Función principal de la computadora – procesamiento de información (procesar información en forma automatizada).

Función básica – unidad del sistema para recibir, procesar, almacenar y emitir señal digital (eléctrica), teclado para introducir información alfanumérica, monitor para la visualización de información en la pantalla, etc.

Función auxiliar de la unidad del sistema – fuente de alimentación para proporcionar energía eléctrica.

**Ejemplo 29. Teléfono**

Función principal del teléfono – transmisión de señal de audio, por ejemplo, voz.

Función básica – micrófono para la conversión del audio en señal eléctrica, auricular para la conversión de la señal eléctrica en audio, teclado para introducir información alfanumérica, etc.

Función auxiliar del teclado – escribir una entrada en particular.

**Ejemplo 30. Automóvil**

Función principal del automóvil – transporte (movimiento) de personas.

Función básica – tanque de combustible para el almacenamiento (retención) de combustible, motor para la conversión de combustible en movimiento traslacional, transmisión para la conversión del movimiento traslacional a movimiento rotacional, etc.

Función auxiliar de las piezas del motor – pistón y cilindro para la compresión de combustible (presurización).

En resumen, estudiamos definiciones básicas del enfoque de sistemas; es decir: sistema, función y jerarquía, así como una serie de conceptos inherentes: integridad, función, actitud y proceso. Además, realizamos una introducción a los conceptos de sistemas humanos y técnicos.

# 2. Consistencia

## 2.1. Conceptos generales

El concepto de consistencia sistémica en un enfoque de sistemas.

**Consistencia** – esta propiedad sincroniza todos los objetos que interactúan en un sistema, incluyendo sus relaciones con el entorno. Estas interacciones deben estar totalmente equilibradas.

El sistema actuará sobre el objeto cuando cumpla con su propósito previsto, sea viable y no afecte a otros objetos y al entorno cercanos. En consecuencia, si el objeto va a ser modificado por el sistema, debe cumplir con ciertos requisitos.

**Requisitos del sistema**

1. El sistema debe cumplir con su finalidad prevista.

2. El sistema debe ser viable.

3. El sistema no debe afectar negativamente a los objetos y al entorno cercanos.

4. Se deben considerar las leyes de evolución al desarrollar un sistema.

Los requisitos del sistema son componentes básicos de la ley sobre el grado creciente de sistematización (Figura 3).

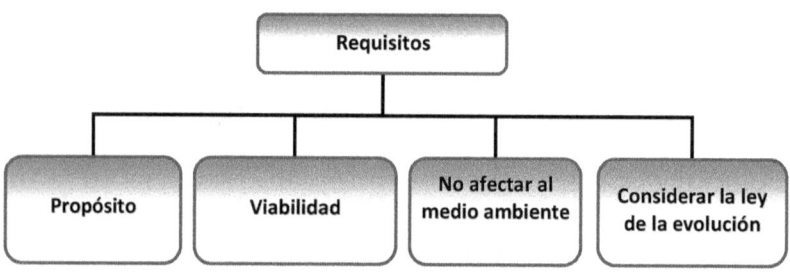

**Figura 3. Estructura del sistema**

El **propósito** del sistema se describe a través de su función principal; es decir, la finalidad esencial del sistema es satisfacer o cumplir una necesidad específica.

La **viabilidad** del sistema técnico viene determinada por su rendimiento y competitividad. El sistema será viable si es eficiente y competitivo.

**Rendimiento** – capacidad del sistema para ejecutar una función dada con parámetros establecidos durante su vida útil. En otras palabras, el rendimiento del sistema es un desempeño cualitativo: la ejecución cualitativa de las principales funciones del sistema. Aparte del funcionamiento cualitativo del sistema (incluida la fiabilidad y durabilidad), los parámetros de rendimiento también pueden incluir parámetros ergonómicos (propiedades coincidentes con el cuerpo humano). El rendimiento se determina por la disponibilidad de los componentes necesarios, la disponibilidad y la calidad de las interacciones generadas entre los componentes, así como el flujo organizativo de requisitos de calidad.

**Competitividad del producto** – capacidad de un producto para ser atractivo en comparación con otros productos del mismo tipo y propósito, debido a un mejor cumplimiento de los requerimientos del mercado y en función de las calificaciones otorgadas por los consumidores (en base a su calidad y costo).

La competitividad de un sistema específico se determina comparándolo con un sistema antagonista. Esta competitividad depende, básicamente, de:

- Tiempo de su entrada en el mercado.
- Cantidad y calidad de las funciones ejecutadas.
- Costo del sistema.

Además de los parámetros técnicos de las funciones, también deben considerarse los parámetros estéticos y psicológicos. Uno de los principales parámetros estéticos es el diseño y embalaje del producto, lo que incluye la gama de colores. Los parámetros psicológicos son prestigio, atracción, accesibilidad, entre otros.

Ahora podemos proporcionar un esquema más detallado de la estructura sistémica (Figura 4), por medio de una gráfica que ilustra la ley sobre el creciente grado de sistematización.

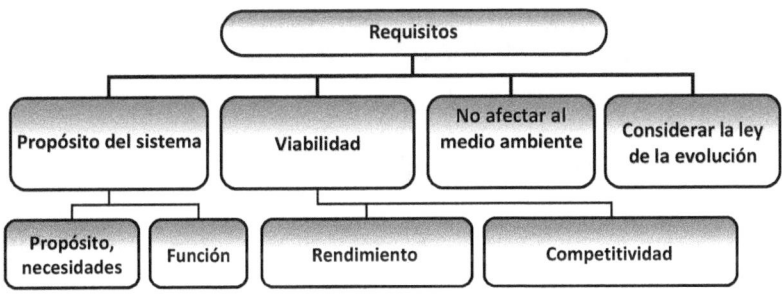

**Figura 4. Estructura de la ley sobre el creciente grado de sistematización**

El sistema es eficiente cuando cumple su función principal. Un sistema trabajando, normalmente, cumple con su función y tiene una estructura determinada. La estructura del sistema debe ejecutar las funciones principales, las básicas y las auxiliares, todas las cuales se encuentran en forma de componentes interconectados e interrelacionados. Aunque el rendimiento no sólo depende de la estructura del sistema, sino también del movimiento de los flujos internos y externos necesarios.

## 2.2. La falta de sistematización

### Ejemplo 31. Teléfono

La radiación electromagnética producida durante una conversación en un teléfono celular tiene efectos dañinos en los equipos circundantes. Por lo tanto, no se permite hablar por teléfono celular dentro de aviones y hospitales. Las antenas transmisoras de telefonía celular son perjudiciales para el entorno.

**Ejemplo 32. Automóvil**

Los motores emiten gases de escape que contaminan el medio ambiente. La carretera afecta los neumáticos al desgastarlos. La atmósfera tiene efectos negativos en la carrocería de un automóvil y esta puede deteriorarse.

## 2.3. Desarrollo evolutivo

La sistematización considera las leyes históricas de cambio, del objeto analizado, como parte básica de su desarrollo evolutivo. Este es el último requisito para la sistematización. Predice la evolución del objeto teniendo en cuenta las tendencias identificadas en el desarrollo histórico y lógico del sistema, junto con las leyes generales de la evolución de los sistemas. El resultado es un patrón de evolución general del objeto analizado y la representación conceptual de su próxima generación.

# 3. Operador del sistema

Genrich Altshuller desarrolló el "operador del sistema" cuya estructura se muestra en la Figura 5.

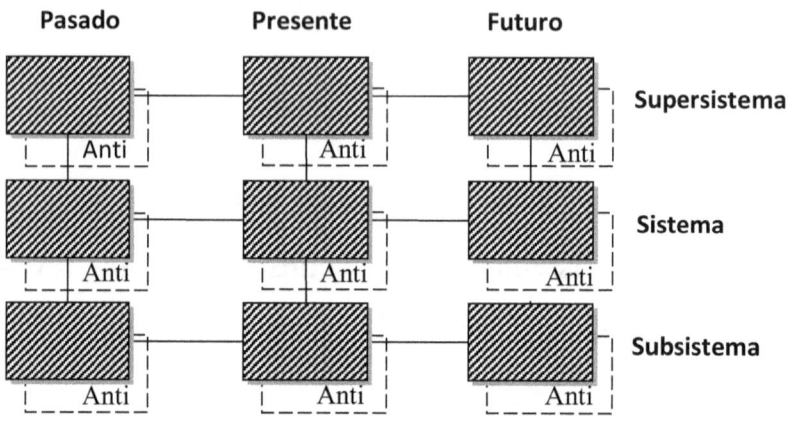

**Figura 5. Operador del sistema**

Las personas de pensamiento ordinario (rutinario), consideran solo al sistema en sí (Figura 6). Una perspectiva más profunda implica identificar y examinar en qué consiste el sistema y el subsistema. Las personas más experimentadas son conscientes, además, del supersistema e identifican el entorno. Esta es una estructura jerárquica.

48

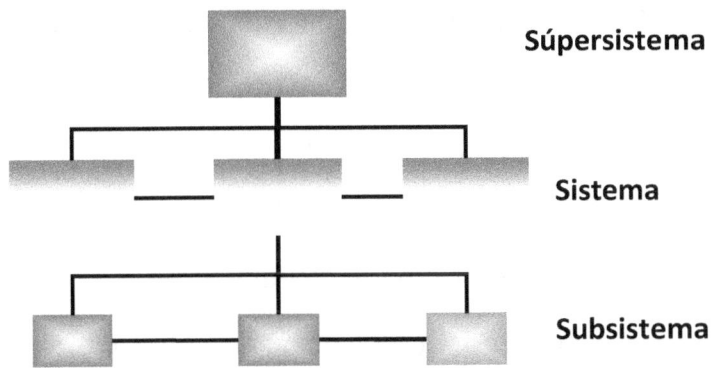

Figura 6. Nivel del sistema

**Ejemplo 33. Árbol**

El supersistema de un árbol es un bosque. Ahora bien, si consideramos al árbol como un sistema tiene los siguientes componentes o subsistemas: las raíces, el tronco y la copa. Cada subsistema puede tener sus propios componentes o subsistemas, por ejemplo, la copa tiene ramas; además, hay otros subsistemas de las ramas como los frutos y las hojas; las hojas a su vez tienen otros subsistemas: tejidos y pecíolo o venas.

En el pensamiento sistémico debemos identificar, en primer lugar, todos los componentes estructurales (sistema, supersistema, subsistema), así como los diferentes niveles de subsistemas y supersistemas; además, es fundamental comprender el entorno o contexto y los sistemas adyacentes. Por lo tanto, el pensamiento sistémico debe considerar todos los niveles jerárquicos del sistema.

Sin embargo, identificar y conocer estos niveles de por sí es insuficiente. Es necesario considerar el impacto de los subsistemas en el sistema, así como del sistema en el supersistema y en el entorno y viceversa; también, el impacto del supersistema y el entorno en el sistema y los subsistemas. Si no consideramos estas interacciones tendremos un sistema que no funciona bien o que no funciona en lo general; también, si ignoramos estos efectos, se puede dar un impacto negativo en los subsistemas, sistemas vecinos, supersistemas o el entorno.

A continuación, mostraremos las interacciones de los subsistemas en el sistema, así como del sistema en el supersistema y el entorno, para un árbol.

### Ejemplo 34. Árbol (continuación)

El tipo de árbol y sus subsistemas dependen esencialmente del entorno. Los árboles que crecen en el extremo norte y en zonas altas no son de gran tamaño, mientras que las plantas suculentas del desierto como los cactus o el *aloe vera* pueden almacenar agua en tallos y hojas.

Los subsistemas de las plantas pueden variar en función de las condiciones ambientales. Las suculentas tienen raíces, bulbos, tallos, hojas y tubérculos jugosos, por lo que son capaces de cuidar y utilizar el agua almacenada durante largos períodos de tiempo. Los tallos y las hojas de las plantas suculentas cuentan con una película flexible e impermeable (cutícula) que refleja la luz solar. Algunos cactus recogen la humedad del aire por condensación en los pelos y las espinas (areola).

A su vez, las plantas impactan el medio ambiente porque absorben o liberan oxígeno y dióxido de carbono a la atmósfera en diferentes momentos del día.

### Ejemplo 35. Iguana marina

La iguana marina sólo vive en las Islas Galápagos. Se alimenta de algas marinas y tiene la capacidad de permanecer bajo el agua durante aproximadamente una hora, característica única para las distintas especies de lagartos. Han aprendido a contener la respiración durante este período, a disminuir la frecuencia cardíaca bajo el agua y a dejar que la sangre fluya sólo a los órganos vitales. Esta adaptación es resultado de cambios evolutivos, por ejemplo, cambios derivados de su forma de alimentación. La comida se produce en el agua (algas marinas) en lugar de en la tierra. Este es un ejemplo de adaptación al entorno.

Además de las iguanas marinas que permanecen en la tierra y en el agua, hay pequeños animales ayudantes de las mismas como los cangrejos y los peces limpiadores; estos consumen parásitos que dan a las iguanas marinas muchos problemas. En conjunto este es un ejemplo de un sistema autoorganizado.

El tercer componente del operador del sistema es el que registra la dinámica de la evolución del sistema, sus subsistemas y supersistemas. Es necesario, siempre, considerar la evolución histórica del sistema, sus subsistemas y el supersistema. Este componente se denomina desarrollo evolutivo o genético. Para lograr esto es necesario identificar qué sistemas, subsistemas y supersistemas estaban en el pasado y predecir su evolución futura.

El componente final del operador del sistema es la identificación de anti sistemas en su uso y en todos los niveles, teniendo en cuenta la dinámica del desarrollo.

Antisistema: el caso de un sistema que realiza lo contrario al de un sistema en estudio cuando se compara su función.
Así, el operador del sistema tiene los siguientes componentes:

1. Estructura del sistema y sus niveles jerárquicos (sistema, subsistemas, supersistemas, entorno).

2. Impacto e interacción de sus componentes estructurales.

3. Dinámica de los sistemas a todos los niveles – desarrollo evolutivo

4. Cuenta y uso de antisistemas, antifunción y antiacción.

Aquí hay algunos ejemplos sobre el uso del operador del sistema.

### Ejemplo 36. Árbol (continuación)

El sistema es un árbol. Sus subsistemas fueron revisados en el Ejemplo 34. En este ejemplo, elegiremos la fruta como un subsistema. Supersistema es el bosque. Esto se considera una línea jerárquica. El árbol en el pasado era una semilla. La fruta en el pasado era una flor y su ADN. El bosque en el pasado era tierra.

Consideremos, ahora, el futuro. Una de las frutas en el futuro puede ser algo derivado de la misma, por ejemplo, un betún para pastel. Sin embargo, para sincronizar con el componente madera, es mejor considerar un producto de este material, por ejemplo, un plato de madera para fruta. En un futuro cercano el supersistema bosque puede convertirse en carbón (Figura 7).

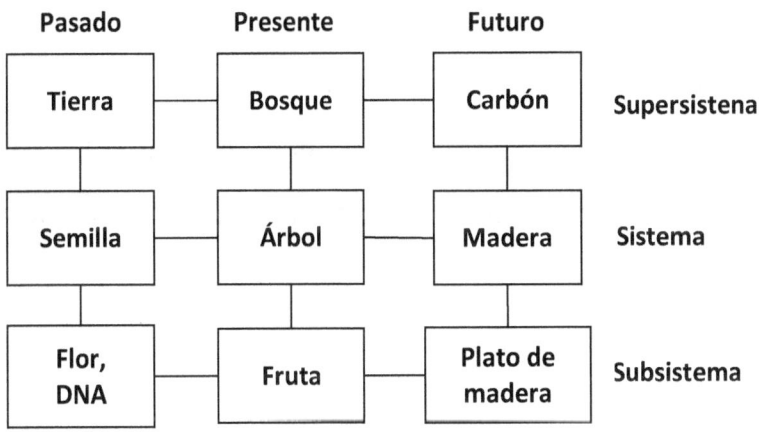

**Figura 7. Operador del sistema**

## Ejemplo 37. Máquina (automóvil)

El sistema es una máquina (automóvil). El supersistema puede ser una autopista, un sistema de tráfico vial, incluido un sistema de control de tráfico (señalización en carreteras, señales de tránsito, semáforos, policía de tránsito, etc.), estaciones de servicio, talleres, fábricas, armadoras y líneas de ensamble.

El automóvil fue en el pasado una carreta de tracción animal. El motor en el pasado era un caballo. Las carreteras en el pasado fueron caminos. El control de tráfico en el pasado estaba ausente: todos viajaban cómo y cuándo querían. En el pasado, las estaciones de servicio eran una estación de relevo donde los jinetes cambiaban de caballo o dónde descansaban los animales y se alimentaban de avena. En el pasado, el taller mecánico era un taller de madera y las factorías para reparar o fabricar coches eran talleres de producción artesanal.

Uno puede imaginar el futuro. En primer lugar, el automóvil del futuro dependerá de los subsistemas con los que contará y del supersistema en el que operará.

Actualmente, existen coches diseñados con motores eléctricos, motores impulsados por hidrógeno e incluso por aire comprimido. Habrá también cambios en el supersistema. En el futuro, la policía de tránsito estará ausente ya que todo estará automatizado. Los automóviles se "comunicarán" entre ellos, evitando accidentes. Las carreteras pueden ser subterráneas o ir por encima del suelo, sin ocupar espacio en la superficie de la tierra.

## Tomar en cuenta antifunciones.

Función del automóvil – mover pasajeros. Antifunción – detener personas (restringir su movimiento); en este último caso el antisistema puede ser una prisión o un arresto domiciliario.

Función del subsistema motor – movimiento de pistón. Antifunción – parada (bloqueo).

Si el subsistema consume combustible su función es aumentar la velocidad del motor (aceleración del movimiento). Una antifunción básica sería: reducir la velocidad (desaceleración del movimiento), por ejemplo, frenar.

El subsistema ruedas tiene dos funciones: mover automóviles y mantenerlos a cierta distancia sobre la carretera. La antifunción de mover – es parar, antifunción que proporciona a la rueda el modo de frenado.

El supersistema Autopista tiene funciones de soporte y guía para la dirección del movimiento (conducción). La antifunción para soporte – es repulsión. La antifunción para guiar la conducción es la ausencia de señales e instrucciones para seguir la dirección. Sistemas como aviones, misiles, barcos, submarinos y torpedos no cuentan con guías para dirigir sus movimientos como las señales de carretera. En estos últimos casos las instrucciones se realizan virtualmente mediante sistemas de control automatizados.

El supersistema de control de tráfico tiene la función de organizar el flujo de automóviles. Su antifunción – es la ausencia de un sistema de control de tráfico. Este último es un sistema en el que todos los componentes están ausentes y debe ser un sistema autocontrolado. Cada máquina está vinculada con otras máquinas. En conjunto, forman un sistema autoorganizado como el de las hormigas y las abejas.

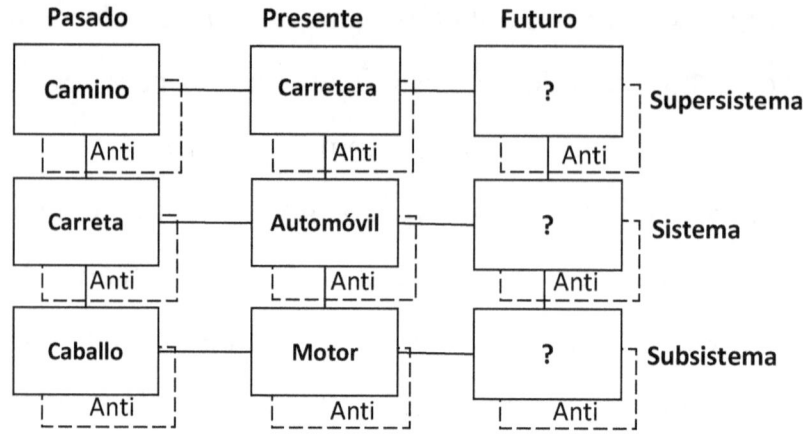

**Figura 8. Operador del sistema**

# 4. Contabilización de efectos

El enfoque de sistemas implica tener en cuenta cualquier cambio y sus efectos en el sistema. Los cambios pueden ocurrir en tiempo y en condición.

### Ejemplo 38. Cambio en el tiempo

Cambios típicos en el tiempo: el paso del día a la noche, la sucesión de estaciones del año. Este tipo de cambios implican, por ejemplo, encender y apagar las luces o calentar y enfriar un edificio.

### Ejemplo 39. Cambio de condición

El cambio típico en la condición de la naturaleza es la transición de fase, por ejemplo, el agua se convierte en hielo a 0 ° C., el cambio de la presión atmosférica baja en alta presión a grandes profundidades, la gravedad cero en el espacio, etc. En la vida diaria cada uno de nosotros se enfrenta – por ejemplo – a cambios en las condiciones del tráfico; no hay circulación cuando los semáforos están en rojo, pero hay movimiento cuando los semáforos están en verde.

Cada cambio debe ser tomado en cuenta al crear nuevos sistemas. La consideración de todos los cambios posibles es uno de los más importantes principios del enfoque de sistemas. El pensamiento sistémico debe aplicarse a cualquier objeto, fenómeno y proceso.

# 5. Enfoque de sistemas para el diseño

El enfoque de los sistemas para el diseño requiere la identificación prioritaria de objetivos, necesidades, funciones, así como principios de operación y de sistemas. El diseño comienza fijando los objetivos.

## 5.1. Síntesis del sistema

La síntesis del sistema debe realizarse en la siguiente secuencia: identificación de necesidades, funciones, principio de operación y sistemas (Figura 9).

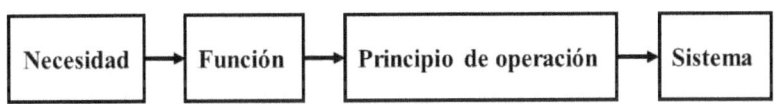

**Figura 9. Secuencia de etapas de síntesis del sistema**

Inicialmente, hay una necesidad que requiere ser satisfecha. Por lo tanto, se definen todas las alternativas de funciones que puedan satisfacer esta necesidad. A continuación, se selecciona la función con más ventajas para satisfacer esta necesidad. Luego, se escoge el mejor principio de operación posible de la función seleccionada. El paso final es identificar todos los posibles sistemas en los que es posible aplicar el principio de operación seleccionado y seleccionar uno para su aplicación.

### Ejemplo 40. Conferencia

Considere la posibilidad de organizar una conferencia en un lugar determinado.

Objetivo – realizar una conferencia.

Necesidad de los participantes en la conferencia – estar en un lugar específico.

Función: mover a los participantes de un punto A hacia un punto B.

Describimos el principio de operación como movimiento en tierra solamente.

Principio de operación: rodar, arrastrar, desplazarse, etc.

Sistema: rueda, tractor de oruga, aerodeslizador, etc.

Los cambios pueden realizarse a nivel de necesidades. Si es posible, realice una conferencia virtual en la que los participantes no tengan que estar presentes físicamente en el evento; posteriormente, en otras etapas o ediciones de la reunión se puede cambar la función básica de la misma.

La síntesis de idealidad en un sistema consiste en la creación de un sistema autoorganizado, que produce armonía. Este sistema se adapta a los cambios y resiste alteraciones o desequilibrios.

Todos los sistemas naturales son autoorganizados. Esto aplica tanto para el reino vegetal como para el animal. Animales y plantas se adaptan a los cambios nocivos del entorno. El reino vegetal puede afectar y cambiar el medio ambiente, por ejemplo, los árboles de eucalipto se siembran en pantanos para drenar el agua, lo que posteriormente modifica el medio ambiente circundante.

## 5.2. Análisis del sistema

El análisis del sistema se realiza en orden inverso: análisis del sistema existente con sus componentes y procesos, análisis del principio de operación del sistema, identificación de las funciones y las necesidades que satisface el sistema en cuestión (Figura 10).

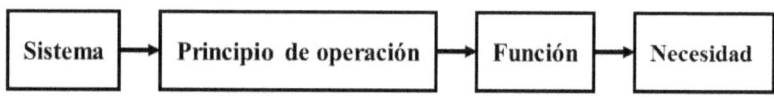

**Figura 10. Secuencia de etapas de análisis del sistema**

Posteriormente, se pueden seleccionar o desarrollar diversos sistemas con base en el mismo principio de operación, o sistemas alternativos que realizan la misma función, así como sistemas alternativos que satisfacen una necesidad específica.

## Ejemplo 41. Lavadora

Sistema – lavadora.

Principio de operación – rotación de la ropa con agua enjabonada.

Función – enjuagar la ropa con agua.

Necesidad – mantener la ropa limpia e higiénica.

Es posible que una función específica encuentre un principio de operación alternativo, por ejemplo, el uso del ultrasonido para lavar la ropa.

Ante necesidades específicas como la limpieza e higiene es posibles desarrollar alternativas, por ejemplo, la ropa antimanchas o libre de contaminantes. Este tipo de productos alternativos se han ensayado en el pasado y se siguen desarrollando.

## 5.3. Análisis para identificar lagunas

El análisis del sistema para identificar lagunas se realiza en la siguiente secuencia (Figura 11):

1. Análisis de componentes

2. Análisis estructural

3. Análisis de funciones

4. Análisis de diagnóstico

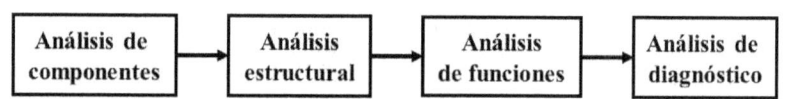

**Figura 11. Secuencia de etapas de análisis del sistema**

El propósito del **análisis de componentes** es construir un modelo de componentes. Los componentes se identifican por niveles jerárquicos, es decir: subsistemas, supersistema y entorno. En esta etapa, se identifican todos los componentes.

El propósito del **análisis estructural** es construir una estructura del sistema e identificar todas las

68

interacciones entre componentes. Una matriz de interacción se muestra en la Tabla 1.

| Componentes | 1 | 2 | 3 | | n |
|---|---|---|---|---|---|
| 1 | //// | + | | | |
| 2 | | //// | | | |
| 3 | | | //// | + | |
| ... | ... | ... | ... | ... | ... |
| n | | | | | //// |

**Tabla 1. Matriz de interacción**

Nota. El signo "+" indica la presencia de una interacción.

Construya un modelo gráfico de interacciones entre componentes utilizando la matriz de interacción. El objetivo del **análisis de las funciones** es construir un modelo de función. En esta etapa, se determinan la dirección y la naturaleza de la acción, es decir, las funciones. La lista de funciones se presenta en la Tabla 2.

| Sujeto | Función | Objeto | Evolución de la función |
|---|---|---|---|
| Componente 1 | | Componente 2 | |
| ... | ... | ... | ... |
| Componente n-1 | | Componente n | |

**Tabla 2. Funciones y componentes**

Nota. Un componente puede tener varias funciones. Construye un modelo gráfico de funciones basado en la tabla de estas.

El propósito del **análisis de diagnóstico** es construir un modelo de diagnóstico que evalúe las funciones y los flujos. Ilustremos este método con el aire acondicionado de la habitación como ejemplo.

**Ejemplo 42. Análisis de componentes**

Considere el sistema de aire acondicionado dividido, es decir, el aire acondicionado que consta de dos bloques: unidad exterior (Figura 12) y unidad interior (Figura 13).

**Figura 12. Unidad exterior de aire acondicionado**

**Componentes:**

1 – Compresor

2 – Válvula de cuatro vías

3 –Tablero de control

4 – Ventilador

5 –Condensador

6 –Sistema de filtro de freón

7 –Acoplamientos

8 – Cubierta protectora de liberación rápida

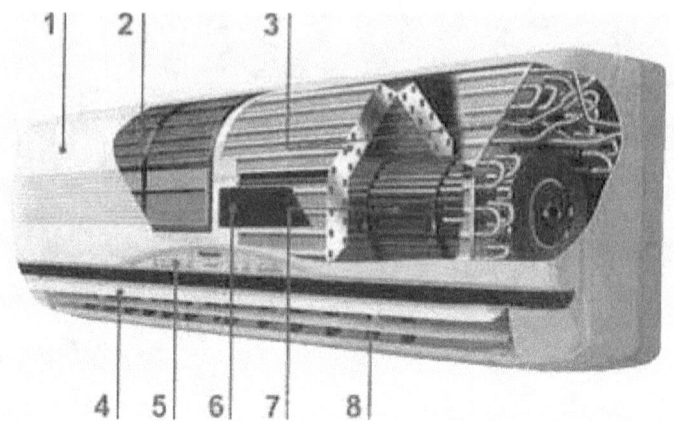

**Figura 13. Unidad interior de aire acondicionado**

### Componentes:

1 – Panel frontal
2 – Filtro de partículas gruesas
3 – Evaporador
4 – Aletas horizontales
5 – Panel de visualización
6 – Filtro de partículas finas
7 – Válvula de expansión térmica
8 – Aletas verticales

### Ejemplo 43. Análisis estructural

Además del análisis estructural, se muestra la funcionalidad del aire acondicionado y sus principales elementos. El diagrama funcional de bloques del aire acondicionado se muestra en la Figura 14.

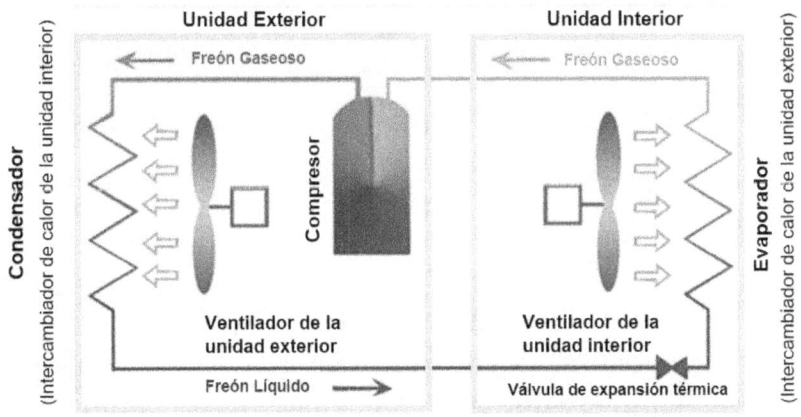

**Figura 14. Diagrama funcional y estructural del aire acondicionado**

El principio de funcionamiento (trabajo) del aire acondicionado se muestra en la Figura 15. El acondicionamiento del aire se basa en los fenómenos de evaporación y condensación. El refrigerante absorbe y expulsa el calor durante la evaporación y la condensación, respectivamente.

La ebullición y evaporación del refrigerante ocurre en la unidad interna, debido a que el gas freón hierve a temperatura ambiente bajo presión atmosférica normal. El freón absorbe el calor del intercambiador de calor interno, que también se llama evaporador (en el que todo el freón se convierte completamente en gas). El flujo de aire generado por el ventilador pasa a través del evaporador (donde se elimina el calor) y se enfría cuando sale de la unidad.

La unidad externa que se encuentra al aire libre funciona mediante un proceso inverso, por medio de la condensación. El refrigerante se condensa en la unidad del intercambiador de calor externo debido a la presión generada por el compresor, que se llama condensador (donde todo el freón se convierte completamente en líquido). El flujo de aire generado por el ventilador pasa a través del condensador (donde se emite su calor) y se calienta cuando sale de la unidad.

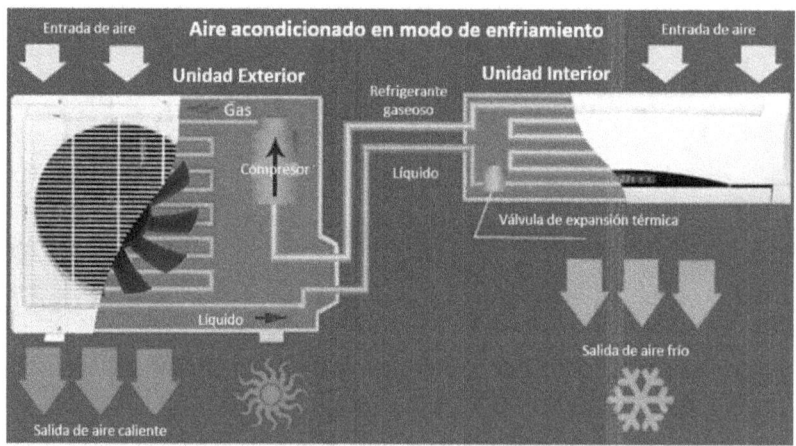

**Figura 15. Principio de funcionamiento del aire acondicionado en modo de enfriamiento**

El compresor es una bomba de gas de alta presión. Crea tanta presión que logra condensar todo el refrigerante en la unidad exterior a temperatura normal. Luego, el refrigerante pasa a través de la válvula de expansión térmica (válvula de temperatura controlada) que iguala la presión.

Una válvula de cuatro vías puede cambiar el aire acondicionado del modo de enfriamiento al modo de calefacción. Modifica (invierte) la dirección de movimiento del freón. En este caso, las unidades interior y exterior cambiarían de función, es decir, la unidad interior funciona para calefacción y la unidad exterior funciona para refrigeración.

El análisis se simplificará solo a los principales componentes del aire acondicionado. Analicemos cada parte del sistema. En paralelo, indicaremos las funciones realizadas por cada parte del aire acondicionado

## Unidad exterior

1. Compresor: aumenta la presión del refrigerante (freón), lo que calienta al gas y lo mueve, a alta presión, por medio del circuito del refrigerante. El refrigerante entra en el compresor desde el evaporador.

2. Condensador – intercambiador de calor. Enfría y condensa el freón. El aire soplado a través del condensador se calienta en consecuencia.

3. Ventilador – crea flujo de aire en el condensador.

4. Tablero de control: controla la unidad externa y recibe comandos del control remoto.

5. Válvula de cuatro vías: cambia (invierte) la dirección del movimiento del freón. En este caso, las unidades interior y exterior se intercambian, es decir, la unidad interior funciona en calefacción y la unidad exterior se enfría.

6. Sistema de filtro de freón: protege el sistema de pequeñas partículas que pueden formarse al

instalar el aire acondicionado. Se fija en la entrada del compresor.

7. Acoplamientos: junte (sostenga) los tubos de cobre que conectan las unidades exterior e interior.

8. Cubierta protectora de liberación rápida: protege contra la exposición externa.

9. Acoplamientos y terminales – conectar cables eléctricos

Nota. No se considerarán análisis adicionales para la válvula de expansión térmica, la válvula de cuatro vías, el sistema de filtro de freón, los acoplamientos, los bloques de terminales, la cubierta protectora de liberación rápida, la placa de control del dispositivo y todos los sensores.

**Unidad interior:**

1. Evaporador – intercambiador de calor. Calienta el freón. El freón se evapora y el aire soplado por el ventilador se enfría.

2. Ventilador: crea un flujo de aire en el evaporador. Por lo tanto, el ventilador de la unidad interior tiene dos funciones útiles:

– Ayuda a calentar el evaporador y consecuentemente el freón. El freón se evapora y enfría el flujo de aire.

– Transporta el flujo de aire fresco.

3. Tablero de control (no se muestra en la figura): controla la unidad interior y recibe los comandos del control remoto. La unidad electrónica con microprocesador se encuentra en esta placa.

4. Válvula de expansión térmica – válvula de expansión termostática (Figura 15) – reduce la presión del refrigerante antes del evaporador sin cambiar su estado físico (el freón debe permanecer líquido). La presión se reduce para disminuir el punto de ebullición del refrigerante en el evaporador. El punto de ebullición (evaporación) y, en consecuencia, la temperatura del flujo de aire se puede ajustar variando el valor de presión.

5. Bandeja de condensado (no se muestra en la figura): recoge el condensado (agua formada en la superficie del evaporador frío). Se encuentra debajo del evaporador. El agua de la bandeja se descarga al exterior a través de una manguera de drenaje.

6. Panel frontal: permite que el aire entre en la unidad. Es una rejilla de plástico a través de la cual se introduce aire en la unidad.

7. Filtro de partículas gruesas: evita el flujo de polvo grueso, pelos de animales, etc. dentro de la unidad.

8. Aletas horizontales: ajustan la dirección del flujo de aire verticalmente. Estas aletas están controladas electrónicamente y su posición se puede modificar con un control remoto. Además, las aletas pueden realizar un movimiento oscilatorio, automático, para distribuir uniformemente el flujo de aire en toda la habitación.

9. Fluctuador de aleta horizontal (no mostrado en la figura): mueve las aletas.

10. Panel de visualización: muestra el modo de operación y señala cualquier falla. Las luces (LED) están instaladas en el panel frontal de la unidad.

11. Filtro de partículas finas: evita el flujo de polvo fino. Los filtros vienen en varios tipos: carbón (elimina olores desagradables), electrostático (retiene el polvo fino), etc.

12. Aletas verticales: ajuste la dirección del flujo de aire horizontalmente. Sirven para ajustar la dirección del flujo de aire horizontalmente. Ajuste manual.

13. Acoplamientos (no mostrados en la figura): sujeta los tubos de cobre que conectan las unidades interiores y exteriores.

14. Control remoto (no se muestra en la figura): transmite los comandos al tablero de control.

15. Receptor IR (no se muestra en la figura): recibe señales del control remoto y las envía al microcontrolador.

16. Sensor (no mostrado en la figura): mide la temperatura en el evaporador. Algunos acondicionadores de aire tienen modos programables que pueden preestablecer las temperaturas con el control remoto. El control remoto del aire acondicionado tiene un sensor adicional.

17. Chip de control (no mostrado en la figura): procesa señales de entrada y envía señales de control.

Nota. No se considerarán análisis adicionales para válvulas de expansión térmica, válvulas de cuatro vías, filtros de partículas gruesas y finas, aletas horizontales y verticales, fluctuadores de aletas horizontales, acoplamientos, control remoto, receptor IR, control de chips y panel de visualización. La bandeja de condensado se considerará como parte del cuerpo interno.

Los componentes del supersistema están conectados a la unidad externa:

18. Pared exterior del edificio – sostiene la carcasa exterior.

19. Ambiente – interactúa con la carcasa exterior. El aire del exterior lo podemos considerar un condicionante.

Además, también hay características comunes para estas unidades y componentes adicionales:

1. Tubos que conectan las dos unidades del aire acondicionado cuando mueve refrigerante.

2. Refrigerante: cambia la temperatura del aire (evaporación, condensación).

3. Unidades de conexión del cable de alimentación eléctrica: transmiten la tensión de alimentación al compresor y al ventilador.

4. Unidades de conexión de cables de control: transmiten señales de control.

5. Cable de alimentación eléctrica que se incluye en la red eléctrica: lleva el voltaje de la fuente de alimentación al aire acondicionado.

6. Drenar la manguera – drena el condensado.

# Ejemplo 43. Identificar interacciones en aire acondicionado.

En este ejemplo, identificamos sólo las interacciones de las partes mínimas necesarias del aire acondicionado, el supersistema y el entorno (Tabla 3).

| Componentes del sistema aire acondicionado | 1. Compresor | 2. Condensador | 3. Paredes de la casa (exteriores) | 4. Ventilador UE | 5. Vivienda UE | 6. Aire del exterior | 7. Refrigerante UE | 8. Evaporador | 9. Refrigerante UI | 10. Ventilador UI | 11. Aire de la habitación | 12. Vivienda UI | 13. Paredes de la habitación (interiores) | 14. Ruido |
|---|---|---|---|---|---|---|---|---|---|---|---|---|---|---|
| 1. Compresor | ▨ | 0 | 0 | 0 | − | 0 | + | 0 | 0 | 0 | 0 | 0 | 0 | − |
| 2. Condensador | 0 | ▨ | 0 | 0 | 0 | + | + | 0 | 0 | 0 | 0 | 0 | 0 | 0 |
| 3. Paredes de la casa (exteriores) | 0 | 0 | ▨ | 0 | + | 0 | 0 | 0 | 0 | 0 | 0 | 0 | 0 | 0 |
| 4. Ventilador UE | 0 | + | 0 | ▨ | 0 | + | 0 | 0 | 0 | 0 | 0 | 0 | 0 | 0 |
| 5. Vivienda UE | + | + | − | + | ▨ | 0 | 0 | 0 | 0 | 0 | 0 | 0 | 0 | 0 |
| 6. Aire del exterior | 0 | + | 0 | 0 | 0 | ▨ | 0 | 0 | 0 | 0 | 0 | 0 | 0 | 0 |
| 7. Refrigerante UE | 0 | + | 0 | 0 | 0 | 0 | ▨ | 0 | + | 0 | 0 | 0 | 0 | 0 |
| 8. Evaporador | 0 | 0 | 0 | 0 | 0 | 0 | 0 | ▨ | + | 0 | + | 0 | 0 | 0 |
| 9. Refrigerante UI | 0 | 0 | 0 | 0 | 0 | 0 | + | + | ▨ | 0 | 0 | 0 | 0 | 0 |
| 10. Ventilador UI | 0 | 0 | 0 | 0 | 0 | 0 | 0 | + | 0 | ▨ | + | 0 | 0 | 0 |
| 11. Aire de la habitación | 0 | 0 | 0 | 0 | 0 | 0 | 0 | + | 0 | + | ▨ | 0 | 0 | 0 |
| 12. Vivienda UI | 0 | 0 | 0 | 0 | 0 | 0 | 0 | + | 0 | + | 0 | ▨ | 0 | 0 |
| 13. Paredes de la habitación (interiores) | 0 | 0 | 0 | 0 | 0 | 0 | 0 | 0 | 0 | 0 | 0 | + | ▨ | 0 |
| 14. Ruido | 0 | 0 | 0 | 0 | 0 | 0 | 0 | 0 | 0 | 0 | 0 | 0 | 0 | ▨ |

**Tabla 3. Interacción de componentes en el aire acondicionado**

Claves: UE – Unidad exterior, UI – Unidad interior, 0 – Sin interacción, + Interacción útil, – Interacción dañina

## Ejemplo 44. Definiendo funciones de componentes.

Describimos solo las funciones útiles y dañinas más esenciales de los componentes principales (Tabla 4).

| Sujeto | Función | Objeto | Evolución de la función |
|---|---|---|---|
| Compresor | Comprime | Refrigerante UE | Función útil |
| | Mueve | Refrigerante UE | Función útil |
| | Calienta | Refrigerante UE | Función útil |
| | Hace vibrar | Vivienda UE | Función dañina |
| | Crea | Nariz | Función dañina |
| Condensador | Enfría | Refrigerante UE | Función inútil |
| | Calienta | Aire del exterior | Función inútil |
| Ventilador UE | Mueve | Aire del exterior | Función inútil |
| | Hace vibrar | Vivienda UE | Función excesiva |
| Aire del exterior | Golpea y enfría | Condensador | Función inútil |
| Refrigerante UE | Calienta | Condensador | Función inútil |
| Vivienda UE | Sostiene | Condensador | Función inútil |
| | Sostiene | Condensador | Función inútil |
| | Sostiene | Ventilador UE | Función inútil |
| | Genera | Ruido | Función dañina |
| | Hace vibrar | Paredes de la habitación (exteriores) | Función dañina |
| Paredes de la habitación (exteriores) | Sostiene | Vivienda UE | Función inútil |
| | Hace vibrar | Paredes de la habitación (exteriores) | Función dañina |
| Evaporador | Calienta | Refrigerante UI | Función inútil |
| | Enfría | Aire de la habitación | Función inútil |
| Vivienda UI | Sostiene | Evaporador | Función inútil |
| | Sostiene | Ventilador UI | Función inútil |
| | Hace vibrar | Paredes de la habitación (exteriores) | Función inútil |
| Ventilador UI | Mueve | Aire de la habitación | Función inútil |
| | Hace vibrar | Vivienda UI | Función excesiva |
| Aire de la habitación | Calienta | Evaporador | Función inútil |
| Refrigerante UI | Enfría | Evaporador | Función inútil |
| | Mueve a | Compresor | Función inútil |
| Paredes de la habitación (interiores) | Sostiene | Vivienda UI | Función inútil |

**Table 4. Funciones de los componentes del aire acondicionado.**

84

Las funciones de las carcasas interiores y exteriores para mantener el compresor, el condensador, el evaporador y el ventilador, así como la función de las paredes exterior e interior para sostener las carcasas, no se muestran en el modelo gráfico funcional (Figura 16) porque estas funciones no son esenciales para este problema particular.

Describiremos el problema más significativo del aire acondicionado.

1. La unidad exterior genera ruido.

2. La unidad interior también genera ruido, pero a un nivel inferior.

3. El aire en movimiento produce resfriados y enfermedades.

4. El aire acondicionado crea una temperatura única en la habitación. En la mayoría de los casos, diferentes personas requieren diferentes temperaturas.

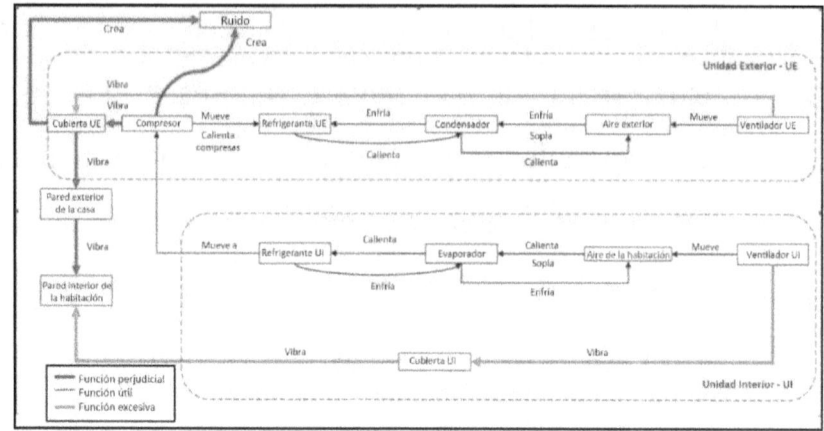

**Figura 16. Diagrama de funcionamiento**

# 6. Conclusión

El pensamiento sistémico se basa en el concepto de sistema (Apartado 1) y la consistencia (Apartado 2), por lo que debemos tener en cuenta:

1. Jerarquía del sistema.

2. Desarrollo evolutivo de los sistemas. Identificación de tendencias y uso de las leyes de evolución del sistema, anticipación de eventos y sistemas futuros.

3. Impacto del sistema en los subsistemas, supersistema y entorno, al igual que el impacto inverso del supersistema y el entorno en el sistema.

4. Cambios en el tiempo y en las condiciones.

5. Identificar objetivos, necesidades, funciones, así como principio de funcionamiento del sistema, estructura y funcionalidad del sistema.

6. El enfoque de sistemas que considera efectos de interacción es de particular importancia.

6.1. El análisis del sistema revela todas las relaciones e interacciones que llevan a cambios en el sistema, los subsistemas, el supersistema y el entorno. La predicción de estas influencias y cambios definen la tendencia de estos cambios.

6.2. La síntesis de sistemas considera todas las influencias, cambios y tendencias de los cambios cuando se crean nuevos sistemas. El sistema ideal de síntesis es la creación de un sistema autoorganizado que produce armonía. Este sistema se adapta a los cambios y soporta los cambios desequilibrados.

7. El análisis del sistema para identificar lagunas se realiza en la siguiente secuencia:

7.1. Análisis de componentes.

7.2. Análisis estructural.

7.3. Análisis funcional.

7.4. Análisis diagnóstico.

# 7. Trabajo independiente

## 7.1. Examen

1. Realizar una definición de enfoque de sistemas y pensamiento de sistemas.

2. Realizar una definición de sistema.

3. Realizar una definición de propiedad del sistema.

4. Proporcionar otros conceptos de sistema.

5. Realizar una definición de sistema humano.

6. Realizar una definición de sistema técnico.

7. Identificar las propiedades básicas de los sistemas técnicos.

8. Nombrar y describir la jerarquía de un sistema. Identifica sus niveles jerárquicos.

9. Realizar una definición de función. Ejemplificar con funciones de los sistemas técnicos.

10. Describir los tipos de funciones en un sistema técnico.

11. Describir la jerarquía de funciones.

12. Describir la clasificación de la evaluación de la función.

13. ¿Qué es una función útil?

14. ¿Qué es una función inútil?

15. ¿Qué es una función dañina?

16. ¿Qué es una función suficiente?

17. ¿Qué es una función insuficiente?

18. ¿Qué es una función excesiva?

19. Proporcionar una definición de proceso.

20. Proporcionar una definición de flujo.

21. ¿Cuáles son los tipos de flujos?

22. Describa las categorías de evaluación de flujo.

23. Proporcionar una definición de sistematización.

24. Describir los componentes de un sistema.

25. Describir los requisitos del sistema.

26. Describir los componentes del operador del sistema.

27. Describir los tipos de cambios.

28. Describir los pasos y el proceso de síntesis del sistema.

29. Describir los pasos y el proceso de análisis del sistema.

30. Describir los pasos y el proceso de análisis para identificar lagunas.

## 7.2. Temas para informe y resumen

1. La historia del término sistema. Revisar y analizar las definiciones existentes de sistema.

2. Analizar el concepto de pensamiento sistémico y el enfoque de sistemas, basados en varios autores.

3. Analizar los sistemas creados por el hombre y, en particular, la historia de la tecnología humana, que no es un enfoque sistémico de la naturaleza.

## 7.3. Asignación

1. Proporcionar ejemplos de sistemas humanos y técnicos.

2. Proporcionar ejemplos de enfoques no sistémicos.

3. Aplicar el operador de sistemas en una lámpara.

4. Desarrollar el operador de sistemas en una computadora.

5. Seleccionar cualquier sistema y / o proceso para aplicar el operador de sistemas.

6. Considerar influencias de sistemas o el enfoque de sistemas en la naturaleza.

7. Considerar influencias de sistemas o el enfoque de sistemas en la tecnología.

8. Realizar la síntesis del sistema en un automóvil.

9. Realizar la síntesis del sistema en cualquier sistema elegido.

10. Realizar el análisis del sistema en una cafetera.

11. Realizar un estudio para identificar defectos del hierro mediante el uso de análisis de

componentes, análisis estructural, análisis de funciones y análisis de diagnóstico.

12. Realizar un análisis de defectos en cualquier sistema elegido.

www.ingramcontent.com/pod-product-compliance
Lightning Source LLC
Chambersburg PA
CBHW072200170526
45158CB00004BB/1712